Mots en Images — Ma Journée

كلمات في صور يومي

Illustré par Elena Kisenkova

Peintures
ألوان

Pomme
تفاحة

Réveil
منبّه

Crayons
أقلام رصاص

www.kidkiddos.com
Copyright ©2024 by KidKiddos Books Ltd.
support@kidkiddos.com

All rights reserved. No part of this book may be reproduced in any form or by any electronic or mechanical means, including information storage and retrieval systems, without written permission from the publisher, except in the case of a reviewer, who may quote brief passages embodied in critical articles or in a review.
First edition, 2025

Library and Archives Canada Cataloguing in Publication
Words in Pictures - My Day (French Arabic Bilingual edition)
ISBN: 978-1-83416-087-0 paperback
ISBN: 978-1-83416-088-7 hardcover
ISBN: 978-1-83416-086-3 eBook

Je me réveille
أستيقظ

Rideau		Fenêtre
ستارة		نافذة

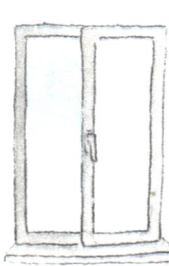

Vêtements
ملابس

Tapis
سجادة

Lit
سرير

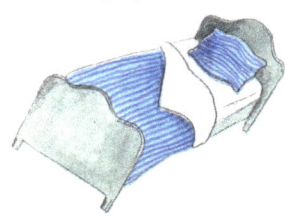

Soleil
شمس

Réveil
منبّه

Oiseau
طائر

Plante
نبتة

Verre d'eau
كوب ماء

Brosse à dents
فرشاة أسنان

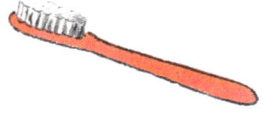

Lavabo
مغسلة

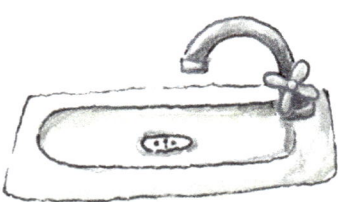

Dentifrice
معجون أسنان

Serviette
منشفة

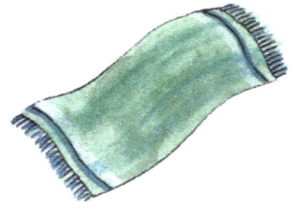

Mmm... Dentifrice à la fraise!

همم... معجون أسنان بنكهة الفراولة

Je me brosse les dents
أفرّش أسناني

Eau
ماء

Savon
صابون

Fil dentaire
خيط أسنان

Goutte
قطرة

Je m'habille
أرتدي ملابسي

Quel t-shirt devrais-je porter?
أي قميص أرتدي؟

Casquette
قبعة

Chaussettes
جوارب

Cintre
علاقة ملابس

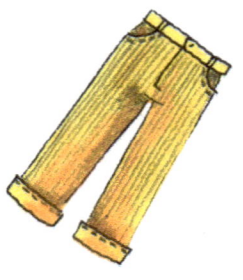
Pantalon
بنطال

Miroir
مرآة

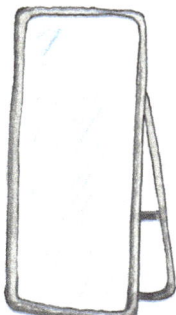

Ceinture
حزام

Chaussures
أحذية

T-shirt
قميص

Commode
خزانة ملابس

Je prends mon petit-déjeuner
أتناول الفطور

Yaourt
زبادي

Orange
برتقالة

Journal
صحيفة

Banane
موزة

Lait
حليب
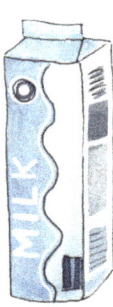

Jus
عصير

Œuf
بيضة

Pomme
تفاحة

Pain
خبز

Éponge
إسفنجة

Tablier
مريول

Bouilloire
إبريق

Fourchette
شوكة

Regardez comme ils brillent!
كم هي لامعة!

Cuillère
ملعقة

Couteau
سكين

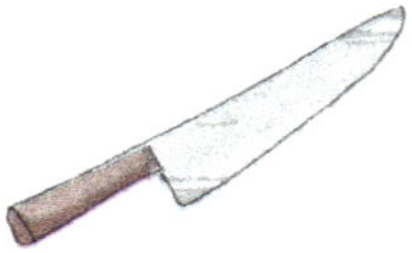

Pelle à poussière
مجرود

J'aide dans la cuisine
أساعد في المطبخ

Balai
مكنسة

Poubelle
سلة مهملات

Assiette
طبق

Je vais à l'école
أذهب إلى المدرسة

Fontaine
نافورة

Feu de circulation
إشارة مرور

Fleurs
زهور

Montre
ساعة يد

Canard
بطة

Voiture
سيارة

Écureuil
سنجاب

Vélo
دراجة

Arbre
شجرة

Je retrouve mes amis
أقابل أصدقائي

> Bienvenue!
> مرحباً!

Corde à sauter حبل نط 	Ballon كرة 	Bus حافلة 	Bouteille d'eau زجاجة ماء 

Poignée de main
مصافحة

Câlin
عناق

 Bonjour!
رحباً!

 Sourire
ابتسامة

Sac à dos
حقيبة ظهر

Cahier
دفتر

Ciseaux
مقص

Règle
مسطرة

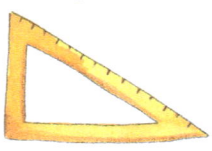

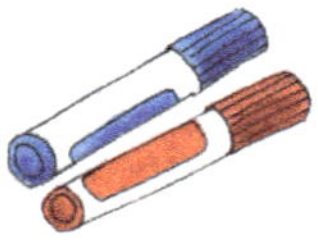

Marqueurs
أقلام تلوين

Carte
خريطة

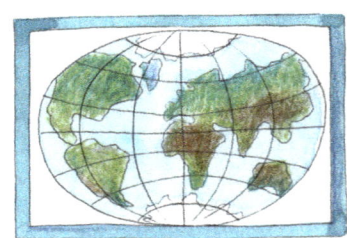

J'apprends
أتعلم

Crayons
أقلام رصاص

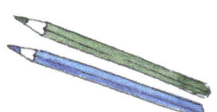

Tableau noir
سبورة

Peintures
ألوان

Je vais au zoo
أذهب إلى حديقة الحيوان

Perroquet
ببغاء

Singe
قرد

Flamant rose
فلامنغو

Zèbre
حمار وحشي

Girafe
زرافة

Éléphant
فيل

Lion
أسد

Carte
خريطة

Je rentre à la maison
أعود إلى المنزل

Photo
صورة

Parapluie
مظلة

Chaussons
شباشب

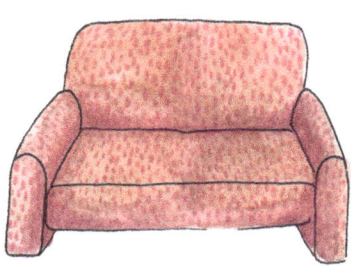

Vase
مزهرية

Canapé
أريكة

Sac
حقيبة

Porte
باب

Chien
كلب

Je dîne
أتناول العشاء

Saucisse
نقانق

Carottes
جزر

Sel
ملح

Serviettes
مناديل

Cuisinière
موقد

Poulet
دجاج

Salade
سلطة

Concombres
خيار

Tomates
طماطم

Petit gâteau
كب كيك

Je prends un bain
أستحم

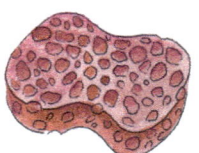

Éponge
إسفنجة

Shampoing
شامبو

Canard
بطة

Bateau
قارب

Peignoir
روب

Serviette
منشفة

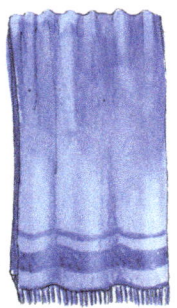

Bulles de savon
فقاعات صابون

Baignoire
حوض استحمام

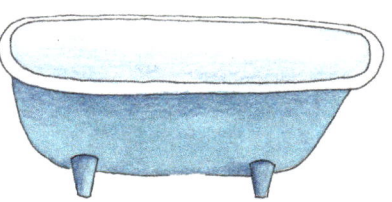

Dinosaure
ديناصور

Lunettes
نظارات

Livre
كتاب

Étoiles
نجوم

Je lis un livre
أقرأ كتاباً

Chat
قطة

Lune
قمر

Chaussons
شباشب

Fauteuil
كرسي مريح

Je vais dormir
أذهب إلى النوم

Ours en peluche
دمية دب

Lampe
مصباح

Table de nuit
طاولة جانبية

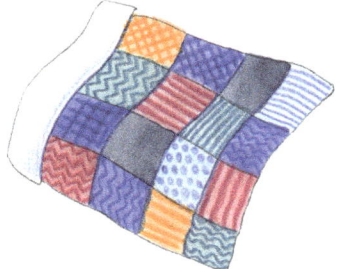

Dessin
رسم

Tapis
سجادة

Ciel nocturne
سماء ليلية

Oreiller
وسادة

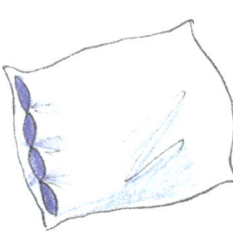

Couverture
بطانية

www.ingramcontent.com/pod-product-compliance
Lightning Source LLC
Chambersburg PA
CBHW061145070526
44584CB00033B/4425